BEI GRIN MACHT SICH WISSEN BEZAHLT

Rochus Stobbe

Frühe Vorgehensmodelle

Wasserfallmodell und Spiralmodell

GRIN Verlag

Bibliografische Information der Deutschen Nationalbibliothek:

Die Deutsche Bibliothek verzeichnet diese Publikation in der Deutschen National-
bibliografie; detaillierte bibliografische Daten sind im Internet über http://dnb.d-
nb.de/ abrufbar.

Impressum:

Copyright © 2013 GRIN Verlag GmbH
Druck und Bindung: Books on Demand GmbH, Norderstedt Germany
ISBN: 978-3-656-67565-5

Dieses Buch bei GRIN:

http://www.grin.com/de/e-book/274614/fruehe-vorgehensmodelle

GRIN - Your knowledge has value

Der GRIN Verlag publiziert seit 1998 wissenschaftliche Arbeiten von Studenten, Hochschullehrern und anderen Akademikern als eBook und gedrucktes Buch. Die Verlagswebsite www.grin.com ist die ideale Plattform zur Veröffentlichung von Hausarbeiten, Abschlussarbeiten, wissenschaftlichen Aufsätzen, Dissertationen und Fachbüchern.

Besuchen Sie uns im Internet:

http://www.grin.com/

http://www.facebook.com/grincom

http://www.twitter.com/grin_com

FOM
Hochschule für Oekonomie & Management
Frankfurt am Main

BERUFSBEGLEITENDER STUDIENGANG ZUM
MASTER OF ARTS – IT MANAGEMENT
2. SEMESTER, SOMMERSEMESTER 2013

HAUSARBEIT

FRÜHE VORGEHENSMODELLE

Verfasser: Rochus Stobbe

Bad Vilbel, den 23. Juni 2013

INHALTSVERZEICHNIS

ABBILDUNGSVERZEICHNIS

1. Einleitung

„The first 90% of the code accounts for the first 90% of the development time. The remaining 10% of the code accounts for the other 90% of the development time".[1] Mit diesem Satz zeigt Tom Cargill die Schwierigkeit von Software-Projekten auf. Oftmals übersteigen die Zeit- und der Programmier-Aufwände bei diesen Projekten die Vorgaben um ein Mehrfaches. Dieser Satz, der auch als „Nintey-ninety rule" Bekanntheit errang, zeigt sehr, dass es schwer ist, die Anforderungen im Vorfeld genau zu bestimmen.

Dieses Problem erkannten in den 70er Jahren die beiden Softwareentwickler Dr. Winston W. Royce und Barry W. Boehm. Beide machten sich Gedanken darüber, wie große Softwareprojekte richtig geplant und umgesetzt werden können, ohne dass der Aufwand von Zeit und Programmiercode ins Unermessliche steigt. Dabei kamen zwei wegweisende Vorgehensmodelle für die Software-Entwicklung heraus, die noch bis heute im Einsatz sind und die als Vorbilder für die heutige „agile Softwareentwicklung" gelten. Es handelt sich um das Wasserfallmodell und das Spiralmodell.

In dieser Hausarbeit sollen beide Modelle näher betrachtet werden. Dabei wird zuerst auf die zeitliche Einordnung eingegangen. Danach werden beide Vorgehensmodelle detailliert erklärt. Gegen Ende wird auf die Vor- beziehungsweise Nachteile dieser beiden Modelle eingegangen.

2. Geschichtliche Einordnung

Die Vorgehensmodelle gingen aus der Softwarekrise der 60er, 70er und 80er Jahre hervor. In dieser Zeit gab es viele Probleme bei der Entwicklung von Software-Projekten hinsichtlich von Zeit und Kosten. Oftmals konnte der Rahmen der Vorgaben nicht eingehalten werden und die Projekte wurden abgebrochen.[2]

---

[1] Bently, Jon, Cargill, Tom, „Programming pearls"

[2] Vgl. o. V., „History of software engineering", http://en.wikipedia.org/wiki/History_of_software_engineering, Abruf am 20.03.2013

1

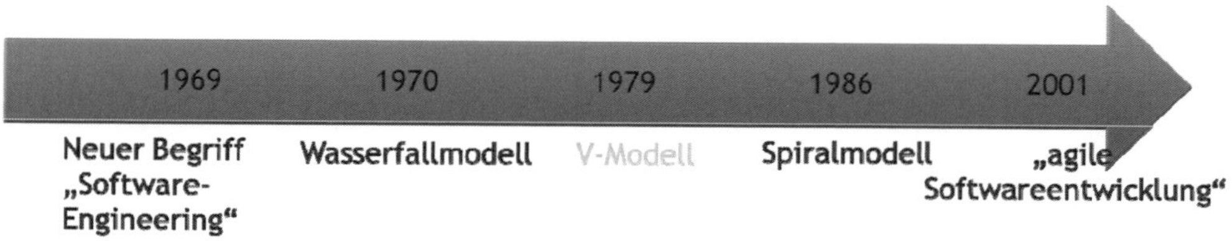

Abbildung 1: Zeitachse „Vorgehensmodelle"[3]

Im Jahr 1969 setzten sich aus diesem Grund das Nato Science Komitee in Garmisch zusammen und überlegte, wie sich dieses Problem lösen lässt. Es kam zu dem Entschluss, dass die Entwicklung von Programmen mehr als reines Programmieren ist und erzeugte den Begriff „Software-Engineering". Mit dem Wort „Engineering" sollte ausgedrückt werden, dass die Entwicklung so aufwendig ist, wie die Arbeit normaler Ingenieure, wie zum Beispiel beim Brückenbau. Es bedarf einer genauen Planung, einem Entwurf, einer Umsetzung, einem Test und der Abnahme.[4]

Dr. Winston W. Royce nahm sich als einer der ersten dieser Problematik an und integrierte diese Schritte in das Wasserfallmodell. Dieses geschah im Zeichen des „Institute of Electrical and Electronics Engineers" (IEEE) im Jahr 1970.[5] In einem elfseitigen Paper erklärte er dort genau die Schritte, die notwendig sind, damit ein Projekt erfolgreich gestaltet werden kann. In den folgenden Jahren kamen weitere Modelle auf dem Markt, die sich mit der Thematik beschäftigten. So auch das V-Modell von Barry W. Boehm. Es war eine Weiterentwicklung des Wasserfallmodells, welches in Form eines V dargestellt wurde. Daher auch der Name. Ein größerer Schritt war jedoch sein Spiralmodell im Jahr 1986.

Erst im Jahr 2001 wurde zum ersten Mal der Begriff „agile Vorgehensmodelle" initiiert. Dies geschah durch ein Manifest auf einer Konferenz von Software-Entwicklern in Utah.[6]

---

[3] Eigene Darstellung

[4] Vgl., Randell, Brian, „The 1968/69 NATO Software Engineering Reports",
http://homepages.cs.ncl.ac.uk/brian.randell/NATO/NATOReports/index.html, Abruf am 20.03.2013

[5] Vgl., Hoffmann, Dirk W., „Software-Qualität", S. 493

[6] Vgl. Beck, Kent, "Manifesto for Algile Software Development", http://agilemanifesto.org/, Abruf am 20.03.2013

3. Wasserfallmodell nach Royce

Dr. Winston W. Royce erwähnte im Jahr 1970 zum ersten Mal das Wasserfallmodell. Im Rahmen der IEEE-Konferenz veröffentlichte er ein Paper mit dem Namen „Managing the development of lage Software Systems". In dieser Ausarbeitung zeigt er ein Modell auf, mit dessen Hilfe es möglich sein soll, große Softwareprojekte erfolgreich zu begleiten. Dazu ließ er Erfahrungen von ihm betreuten Softwareprojekten einfließen, die er in neun Jahren Arbeit gesammelt hatte.[7]

Dr. Winston W. Royce macht zwei Schritte aus, die essentiell sind für das Entwickeln der Programme, wenn die Komplexität und die Abhängigkeit der Größe außer Acht lässt: „Analysis" und „Coding". Beide Schritte sind aus seiner Sicht elementar wichtig für die Qualität des Endproduktes, für welche der Endkunde gerne bezahlt. Er zeigt diese Schritte so auf:[8]

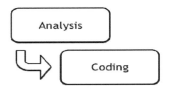

Abbildung 2: Essentielle Schritte[9]

Laut Royce gilt diese Art der Implementierung nur für kleinere Softwareprojekte. Werden die Projekte ausführlicher, reicht diese Art von Modell nicht mehr aus und es müssen weitere Schritte integriert werden. Das Problem dabei ist, dass der Kunde meist für weitere Schritte nicht bezahlen möchte und es ebenfalls schwierig wird, die Programmierer davon zu überzeugen, dass weitere Schritte nötig sind, um ein Projekt erfolgreich zu gestalten.[10]

---

[7] Vgl. Dr. Royce, Winston W., „Managing the Development of Large Software Systems", S. 328

[8] Vgl. Dr. Royce, Winston W., „Managing the Development of Large Software Systems", S. 328

[9] Eigene Darstellung in Anlehnung an Dr. Royce, Winston W., „Managing the Development of Large Software Systems", S. 328

[10] Vgl. Dr. Royce, Winston W., „Managing the Development of Large Software Systems", S. 328

3.1. Grundidee des Wasserfallmodells

Die Grundidee von Dr. Winston W. Royce ist eine sequentielle Abarbeitung von verschiedenen Schritten. Dazu erweitert er die Punkte Analyse und Implementierung. An den Anfang stellt er zwei Schritte, die als Voraussetzung für die anderen zählen: „System Requirement" und „Software Requirement". Zudem wird zwischen „Analysis" und „Coding" der Punkt „Program Design" implementiert. Am Schluss jedes Projektes soll natürlich die „Testing"- und „Operations"-Phase folgen.[11]

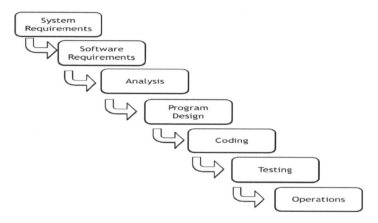

Abbildung 3: Wasserfallmodell (sequentiell)[12]

Dass die rein sequentielle Abarbeitung der Phasen in der Umsetzung zu Problemen führt, ist Dr. Winston W. Royce bekannt. „I believe in this concept, but the implementation described above is risky and invites failure".[13] Das Hauptproblem sieht Royce darin, dass es keine Möglichkeit bei Problemen gibt, diese zu beseitigen. Aus diesem Grund führt er in sein Grundmodell mehrere iterative Schritte ein.[14]

---

[11] Vgl. Dr. Royce, Winston W., „Managing the Development of Large Software Systems", S. 328

[12] Eigene Darstellung in Anlehnung an Dr. Royce, Winston W., „Managing the Development of Large Software Systems", S. 329

[13] Dr. Royce, Winston W., „Managing the Development of Large Software Systems", S. 329

[14] Vgl. Dr. Royce, Winston W., „Managing the Development of Large Software Systems", S. 329

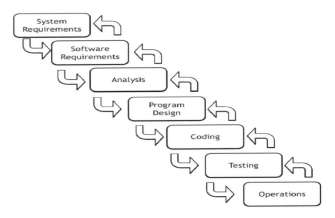

Abbildung 4: Wasserfallmodell (mehrere iterative Sprünge)[15]

Aber auch in diesem Modell sieht Dr. Winston W. Royce noch Tücken. Oftmals hilft es nicht, dass bei Testproblemen nur der Code verändert wird. Er weiß, dass in den meisten Fällen nur eine Änderung im „Program Design" helfen kann oder bei ganz schwierigen Ausgangslagen eine Anpassung der „Software Requirements" nötig ist.[16]

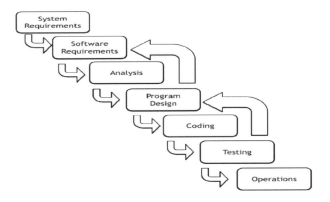

Abbildung 5: Wasserfallmodell (zwei iterative Sprünge)[17]

---

[15] Eigene Darstellung in Anlehnung an Dr. Royce, Winston W., „Managing the Development of Large Software Systems", S. 330

[16] Vgl. Dr. Royce, Winston W., „Managing the Development of Large Software Systems", S. 329

[17] Eigene Darstellung in Anlehnung an Dr. Royce, Winston W., „Managing the Development of Large Software Systems", S. 330

Wird der Sprung zur „Software-Requirements"-Ebene vollzogen, steht das Projekt fast wieder am Anfang und es ist mit doppeltem Aufwand in Sachen Zeit und Finanzen zu rechnen.[18]

3.2. Erweiternde Schritte für das Wasserfallmodell

Dr. Winston W. Royce beschreibt im weiteren Verlauf seiner Ausarbeitung fünf weitere Schritte, die essentiell sind, damit ein Projekt einen positiven Ausgang hat.

3.2.1. „Program Design" an den Anfang

Royce fügt einen weiteren Schritt in sein Ausgangsmodell ein. Das „Preliminary Program Design". Diese Phase steht zwischen der „Software Requirement"- und der „Analysis"-Phase und dient der Anpassung des Designs an die oberen beiden Schritte. Dabei sollen die Beschränkungen, die durch das System und die Software bestehen, aufgezeigt werden, damit die nachfolgenden Ebenen darauf Rücksicht nehmen können.[19]

3.2.2. Dokumentation des Designs

Die Dokumentation spielt, laut Royce, eine sehr wichtige Rolle, während eines Projektes. Aus seiner Sicht soll für jeden Schritt eine Dokumentation angelegt werden. Diese soll später bei Testproblemen das schnelle Auffinden von Fehlern ermöglichen. Zudem soll die Dokumentation die Erstellung vom Handbuch vereinfachen. In der Masse an Dokumentation sieht er aber auch den Mangel der Übersichtlichkeit.[20]

3.2.3. Durchlaufe den Zyklus zwei Mal

Royce möchte, dass der Prozess zur Erstellung zwei Mal durchlaufen wird. Nach dem ersten Durchlauf soll es einen fertigen Prototyp geben. Dieser soll dann als Vorlage für das Endprodukt für den Kunden dienen. Laut Royce sollen ein Drittel des kompletten Zeitrahmens für die Erstellung und das Testen des Prototyps genutzt werden. So sind

---

[18] Vgl. Dr. Royce, Winston W., „Managing the Development of Large Software Systems", S. 329
[19] Vgl. Dr. Royce, Winston W., „Managing the Development of Large Software Systems", S. 331
[20] Vgl. Dr. Royce, Winston W., „Managing the Development of Large Software Systems", S. 332f

Fehler oder Bugs schneller ersichtlich und können bei der Entwicklung des Kundenproduktes beseitigt werden.[21]

3.2.4. Mehrmaliges Testen des Codes

Royce sieht im „Testing" den wichtigsten und zeitintensivsten Schritt. Daher soll hier auch der Schwerpunkt liegen. Um ein möglichst gutes Ergebnis zu bekommen, empfiehlt Royce, dass das Testen von einer externen Stelle übernommen wird. Er hofft, dass dadurch mehr Fehler zum Vorschein kommen und die Probleme schneller gelöst werden.[22]

3.2.5. Einbindung des Kunden

Der Kunde soll zumindest in die beiden „Design"-Schritte involviert werden. Er soll den aktuellen Stand kontrollieren und gegebenenfalls Änderungen anbringen. So erhofft sich Royce, dass es zu weniger Abnahmeproblemen kommt, da der Kunde die ganze Zeit nah am Projekt ist und auf Fehlinterpretationen eingehen kann.[23]

---

[21] Vgl. Dr. Royce, Winston W., „Managing the Development of Large Software Systems", S. 334

[22] Vgl. Dr. Royce, Winston W., „Managing the Development of Large Software Systems", S. 335

[23] Vgl. Dr. Royce, Winston W., „Managing the Development of Large Software Systems", S. 335ff

4. Spiralmodell

Das Spiralmodell ist eine Erfindung von Barry W. Boehm. Das Besondere an diesem Modell ist das zyklische Wiederholen der Phasen, aus dem sich auch der Name Spiralmodell ableitet.[24]

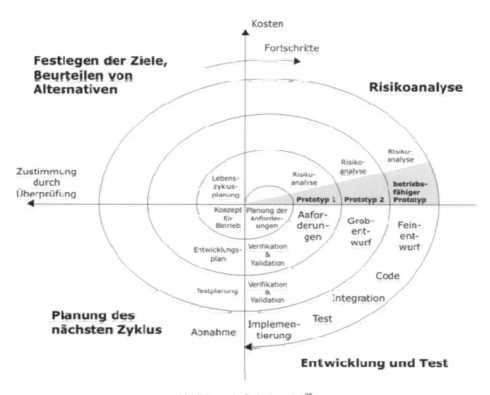

Abbildung 6: Spiralmodell[25]

In diesem Modell wird das Projekt in vier Quadranten aufgeteilt. Der erste Quadrant ist die Festlegung von Zielen und die Beurteilung von Alternativen und Einschränkungen. Im Zweiten findet sich die Risikoanalyse, in der über Abbruch oder das Erstellen eines Prototyps entschieden wird, gefolgt von „Entwicklung und Test". Im letzten Quadrant findet sich die Planung für den nächsten Zyklus auf Basis der Daten der Vorgängerphase.

---

[24] Vgl, Fink, Kerstin, Ploder, Christian, "Wirtschaftsinformatik als Schlüssel zum Erfolg", S. 91

[25] https://www2.hs-augsburg.de/informatik/vorlesungen/se1t/script/begriffe/spiralmodell.png, Abruf am: 20.03.2013

Die Spirale geht von innen nach außen. Nach jeder Umdrehung wird ein Prototyp erstellt. Je weiter die Spirale nach außen geht, desto weiter steigt die Zustimmung zu dem Produkt und dessen Kosten. Dieses spiegelt sich durch die Achsen wieder. Es werden die gleichen Phasen wie beim Wasserfallmodell durchlaufen. Diese aber mehrfach. Dadurch handelt es sich hier um ein iteratives Modell. Oberstes Ziel dieses Modells ist die Risikominimierung. Dazu wird das Risiko erst identifiziert, dieses bewertet und danach im besten Fall beseitigt. Ansonsten muss das Projekt abgebrochen werden.[26] Durch das Spiralmodell wird eine Minimierung des Scheiterns bei großen Softwareprojekten angestrebt, so Boehm.

[26] Vgl., Boehm, Barry W., "Software Engineering", S. 352ff

5. Vor- und Nachteile

Das Wasserfallmodell zeichnet sich durch seine Verständlichkeit aus, durch den ein nur geringer Schulungsaufwand notwendig ist. Zumindest ist dieses in den ersten Versionen der Fall.[27] Werden die weiteren fünf Schritte von Royce hinzugenommen, wird es etwas komplexer. Zusätzlich positiv fällt der strukturierte und kontrollierbare Prozessverlauf auf. Es wird schnell ersichtlich, in welcher Phase sich das Projekt befindet und welches die nächsten Schritte sind. Bei der Grundidee des Wasserfallmodells gibt es zusätzliche negative Aspekte zu beachten: So ist das in den ersten Schritten erstellte Anforderungsprofil oftmals in den hinteren Phasen nicht umsetzbar.[28] Zudem fällt auf, dass die Testphase nur am Ende implementiert ist und es keine Testphase im vorderen Verlauf gibt. Auch gibt es im kompletten Projekt keinen Prototyp, an dem Fehler oder Bugs ausgemacht werden können.

Beim Spiralmodell überzeugt die sehr flexible Umsetzung des Projektes. Die Erstellung des Prototyps nach jedem Zyklus hilft, die bisherige Planung zu bewerten und gegebenenfalls zu verändern. Des Weiteren überzeugt die Risikoabwägung in jeder Windung.[29] So gibt es bei völliger Fehlplanung eine Chance des Ausstiegs aus dem Projekt, ohne weitere Kosten zu generieren. Auch kann die Risikoabwägung im zweiten und dritten Zyklus viel genauer Erfolgen als am Anfang. Negativ fällt der hohe Managementaufwand auf.[30] Es müssen sehr viele Phasen durchlaufen werden auch. Dadurch wird dieses Modell für kleinere und mittlere Softwareprojekte unbrauchbar, da der Aufwand den Nutzen übersteigen kann. Zudem kann das Modell unübersichtlich werden, wenn die genauen Übergänge zwischen den Phasen nicht richtig dokumentiert werden.

---

[27] Vgl., Badertscher, Kurt, Gubelmann, Josef, Scheuring, Johannes, „Wirtschaftsinformatik Grundlagen: Informations- und Kommunikationssysteme gestalten", S. 157

[28] Vgl., Badertscher, Kurt, Gubelmann, Josef, Scheuring, Johannes, „Wirtschaftsinformatik Grundlagen: Informations- und Kommunikationssysteme gestalten", S. 157

[29] Vgl., Badertscher, Kurt, Gubelmann, Josef, Scheuring, Johannes, „Wirtschaftsinformatik Grundlagen: Informations- und Kommunikationssysteme gestalten", S. 158

[30] Vgl., Badertscher, Kurt, Gubelmann, Josef, Scheuring, Johannes, „Wirtschaftsinformatik Grundlagen: Informations- und Kommunikationssysteme gestalten", S. 158

6. Schlussbetrachtung

Die frühen Vorgehensmodelle haben das Software-Engineering revolutioniert. Endlich werden Softwareprojekte in Prozesse aufgeteilt und sukzessive beziehungsweise iterativ abgearbeitet. Dadurch wird es möglich, auch größere Softwareprojekte erfolgreich zu gestalten, die in der Vergangenheit eher zu einem Abbruch durch zu hohe Kosten oder zu intensivem Ressourcenverbrauch führten. Das Einteilen der Projekte in Phasen hilft Entwickler, deren Manager und dem Kunden, die Übersicht zu behalten. Auch Dokumentationen und Spezifikationen führen dazu. Neu ist auch die Implementierung der Testphase. Anschließend wird das Produkt nach vorgegebenen Szenarien getestet und beurteilt. Ein weiterer sehr hilfreicher Aspekt kam durch das Spiralmodell: Die Risikoabwägung. Das Produkt wird nicht nur am Ende begutachtet und beurteilt, sondern es wird vorher anhand eines Prototyps die Machbarkeit des Projektes geprüft. Dieses sogar mehrfach. Daraus resultiert die Möglichkeit, Softwareprojekte, die aus den Vorgaben geraten, abzubrechen und so Kosten und Ressourcen frühzeitig zu schonen.

Die frühen Vorgehensmodelle sind der Vorreiter für die agilen Vorgehensmodelle, die heute die Softwareentwicklung dominieren. Beide in der Hausarbeit vorgestellten Modelle enthalten agile Ideen. So zum Beispiel die fünf Schritte von Dr. Winston W. Royce. Diese dienen als Vorlage für Modelle, wie Scrum. Die Einbindung des Kunden oder das Testen des Codes durch externe Stellen sind dafür ein Beleg, genauso wie die Dokumentation jeder Phase oder die anfängliche Erzeugung eines Prototyps. Somit bleibt festzustellen, dass keine zeitliche Abgrenzung zwischen frühen und agilen Vorgehensmodellen gemacht werden kann, sondern es ist eine Art schleichender Übergang, oder noch besser eine Weiterentwicklung. Die Gedanken, die sich Royce und Boehm gemacht haben, wurden aufgegriffen und weiter entwickelt.

7. Literaturverzeichnis

Badertscher, Kurt, Gubelmann, Josef, Scheuring, Johannes, „Wirtschaftsinformatik Grundlagen: Informations- und Kommunikationssysteme gestalten

Beck, Kent, "Manifesto for Algile Software Development", http://agilemanifesto.org/, Abruf am 20.03.2013

Boehm, Barry W., "Software Engineering"

Bently, Jon, Cargill, Tom, „Programming pearls"

Fink, Kerstin, Ploder, Christian, "Wirtschaftsinformatik als Schlüssel zum Erfolg",

Hoffmann, Dirk W., „Software-Qualität"

o. V., „History of software engineering",
http://en.wikipedia.org/wiki/History_of_software_engineering, Abruf am 20.03.2013

Randell, Brian, „The 1968/69 NATO Software Engineering Reports",
http://homepages.cs.ncl.ac.uk/brian.randell/NATO/NATOReports/index.html, Abruf am 20.03.2013

Royce, Winston W., „Managing the Development of Large Software Systems"

Lightning Source UK Ltd.
Milton Keynes UK
UKRC022216020919
349077UK00008B/45